賛辞

本書はビジネスを成功に導く言葉の辞書である。ページを開いたとたん、あなたの人を動かす手法を見直す戦略が伝授される。

スコット・ストラッテン

（アンマーケティング・インク社長、ベストセラー"UnMarketing"（アンマーケティング）シリーズの著者）

あなたがあらゆる場面でもっと影響力を持ちたいと望むなら、この本に書いてある単純だが力に溢れる教えを習得すべきだ。本書は、これまで人間の行動について書かれたほぼすべての本を凌ぐ、実用的な書である。

ジョン・ヤンツ

（"Duct Tape Marketing"（ダクトテープ・マーケティング）著者）

フィル・ジョーンズは、複雑なセールスの世界の真実を暴き出す手助けをしてくれた。本の中の力強いフレーズが、押しの強さをまったく感じさせずに、誠実さによって人を動かす手法を教えてくれる。あなたはその珠玉の教えをひとつひとつ、毎日利用することになるだろう。

イアン・アルトマン

（"Same Side Marketing"（セイムサイド・マーケティング）共著者、Forbes.com のコラムニスト）

影響力と説得力と最高のビジネス成果を生み出す技術を教えるマスタークラスの授業。ビジネスで、日常生活でもっと説得力を持ちたいと願う人には必読の書だ。

セス・プライス（"The Road to Recognition"（認識への道）共著者）

この本にはアイデアと、簡単に実行できる手段の提案が詰まっている。そのどれもが、会話によって生み出さなければならない成果を得るための助けになるだろう。

グラント・リボフ（StickyMarketing.com CEO）

次に何を言えば一番いいかどんなに考えても、それを言おうと口を開いたときが、あなたにとって最悪の瞬間になる。私はずっと以前から、道を切り開き、取引を成立させるシナリオや決め手になる質問、魔法のフレーズを進んで身につけてきた。フィル・ジョーンズほど、状況の限界を突破する完璧なカギを見つけ出した者は他にない。もしあなたがもっと売ることを、もっと影響力を持つことを望んでいるのなら、そしてその力をできるだけ短時間に身につけることを望んでいるなら、本書を読むことが魔法の杖や銀の弾丸を手に入れる最短の道となるだろう。

ロブ・ブラウン

（ネットワーク・コーチング・アカデミー創設者で、ベストセラー“Build Your Reputation”（あなたの評価を築き上げろ）著者）

正しい言葉を正しく使えば、たとえ魔法とまではいかなくても、十分な成果を得られるのは間違いない。この大変役立つガイドをわれわれにもたらしてくれた著者は偉業を成し遂げた。

ボブ・バーグ（『あたえる人があたえられる』（海と月社）共著者）

あなたは、なぜ一頭の馬がレースに勝ち、他の馬の10倍も賞金を稼ぐのか考えたことがあるだろうか？　勝馬は負けた馬の10倍優秀だったのだろうか？そんなことはない。ハナ差で勝ったのだから。勝者を勝者たらしめるのは、「勝つための優位性」と呼ばれるコンセプトである。私が若い頃学んだ師の一人が、「きみのやることすべてが、取引を成立させる能力を強めるか弱めるかのどちらかに働く。どんな細かいことでも、たとえごくわずかとはいえ、どっちつかずのものはないのだ」という教えを叩き込んでくれた。だからこそ、私はフィル・ジョーンズの本書を大いに気に入っている。この短い、だがパワーの詰まった本の中で、彼はあなたが勝つための優位性を持つ助けとなるキーフレーズの使い方を伝授してくれる。マーケティングやセールスのどんな局面においても、言葉は必ず重要な役割を果たす。だからあなたも、自分の魔法の言葉を確実に身につけるべきだ。

ブライアン・アイゼンバーグ

（ニューヨーク・タイムズ紙ベストセラーリストにランクインした“Waiting for Your Cat to Bark?”（猫が吠えるのを待ちますか？）と“Be Like Amazon”（Amazonのようにあれ）の著者）

フィルのシンプルだが力強い魔法の言葉は、ここ数年で2,000万ドル規模になったビジネスの成長に欠かせないものである。フィルのこの本には、人生とビジネスの両面で望ましい成果を達成するための現実的問題解決法が詰まっている。

リチャード・ディクソン（Holidaysplease取締役）

アブラカタブラ……呪文を唱えれば、あなたは百万長者。この本に書かれたフィル・ジョーンズのアドバイスを実行すれば、そんなことが起きるのだ。もう一度読めば、さらに実現性は高まる。

ジェフリー・ヘイズレット
（プライムタイムのテレビ番組とポッドキャストのホストを務めるC‐スーツ・ネットワーク会長）

私が思うに、フィルはこの実に素晴らしい本の最後に一番良いことを書いている。いわく「あなたがこの本で学んだことはどれもシンプルで、実行するのはたやすい」。こうしたアドバイスが、あなたが今以上にやりたいことをやるための助けになるのは、これまで何度も試され、吟味され、証明され、保証されたことなのだ。

フィリップ・ヘスケス
（説得力と影響力の心理学を専門とするプロの講演者・著者）

もしあなたが、潜在顧客や顧客、同僚、上司などあらゆる人に望みどおり「イエス」と言わせたいなら、私から魔法の言葉を授けよう――「この本を手に取れ！」。本書は、製品やサービス、物語を売っている人すべて、また第一声から相手を感服させ、相手の意欲をかき立て、魅了し、動かすことを望む人すべての必読の書である。あなたが説得力のあるフレーズを使い、正しいタイミングで正しい質問をし、あなたの個人的・職業的辞書から間違った言葉を削除する力を与えてくれるだろう。

シルヴィー・ディ・ジュースト
（基調講演者、企業イメージのコンサルタント）

あなたの会話力を
向上させる
「魔法の言葉」

ずばり、どう言えばいいのか

EXACTLY
WHAT
TO SAY

Phil M. Jones
フィル・M・ジョーンズ
佐藤和彦 訳

The Magic Words
for Influence
and Impact

Exactly What to Say: The Magic Words for Influence and Impact
by Phil M. Jones

Japanese translation rights arranged
with TRANSATLANTIC LITERARY AGENCY INC.
through Japan UNI Agency, Inc.

次に何を言おうかどんなに考えても、それを言おうと口を開いたときが、あなたにとって最悪の瞬間になる。

この本は、十分な準備ができるように起こりうる事態をほぼすべて網羅し、あなたがほぼすべての会話で優位を保てる手段を提供する。

はじめに

私はこれまでの人生を、言葉によるコミュニケーションの忘れ去られた技術と、正しいタイミングで正しい言葉遣いをすれば必ずや正しい成果が得られる能力の開発に捧げてきた。

よくあることだが、顧客が、あなたのライバルではなくあなたを選ぶかどうかは、何を、いつ、実りあるかたちでどう言葉にするかという能力にかかっている場合が多い。

本書では、言葉の持つ力を発見する手段を紹介し、成功を目指す人々が、望むものよりもっと多くを得るためのツールを提供する。

あなたのチームのためにさらにこの本の購入をご希望なら、speaking@philmjones.comにご連絡を。まとめ買い割引と特注生産のお問い合わせに応じます。

目次

開口一番

Opening Words

人がこの本を手に取る理由は様々だが、きっとあなたにも、あなたなりの理由があったのだろう。

もしかしたら、あなたは経験豊かなセールスのプロで、技術をさらに磨こうとしているのかもしれない。あるいは事業を経営しており、自分のやり方を押し通す機会を増やそうとしているのか。または、この本の美しいデザインのカバーを見て、中身に目を通すべきだと考えたのか。それでも、一つだけ確信を持って言えるのは、ここまで読み進めてきたあなたは、変化に柔軟に対応できる人で、自分の個人的な成功を真剣に考えていることである。

これまで人間について、人間関係について、ビジネス上の意思の疎通について研究してきて、私がひどく驚かされるのは、まったく同じ要素を持っていながら、一部の人々だけ飛び抜けて高い業績を上げていることだ。

ビジネスにおいては、同等の製品とリソースを持ちながら、顧客を見つけるのに苦労をしている人もいれば、その一方で次々と成功を重ねる人もいる。行動や姿勢に違いはあれ、そうした成功を手にする人には共通点があることを私は学んだ。彼らは例外なく、何を、いつ、実りあるかたちで、どう言うかを知っているのだ。

そう気づくと、ほんのわずか言葉づかいを変えることで、会話全体の結果に大きな違いが生じることに強く興味を惹かれた。それがきっかけで、人が何を信じ、何を信じないかという信念体系に変化を起こす誘因が何なのかを明らかにする私の研究に拍車がかかったのである。

私は二〇一二年に、それまで研修や講演でよく使っていた言葉を集めて、"Magic Words"（魔法の言葉）という小さな本を出版した。私はその出版を心から誇りにしているが、それはその本があちこちのベストセラーリストに載ったからだけではない。もっと重要なのは、本を買って読んだ人々が、そこから学んだことを利用し、単に言葉の選び方を少し変えただけで素晴らしい成果を上げたことだった。

ここでちょっと、その「魔法の言葉」について説明しておこう。

「魔法の言葉」とは、いくつかの言葉を組み合わせて、潜在意識に直接語りかけるものである。私たちが何かを決めるときに考えすぎを防ぐように前もってプログラムされた潜在意識は、意思決定の際に強力なツールになる。その仕組みはコンピューターに少し似ており、出力されるのは「イエス」か「ノー」かで、「もしかすると」という中間の領域は存在しない。大変強力で、躊躇せず、反応が速い。脳のその部位に働きかける言葉を使えば、

「もしかすると」と迷うことなく、反射的な返事を引き出せるから、会話の中で優位に立てる。ひいては、これまで以上に自分の意志を押し通せる機会が増えることにもなる。

用例

潜在意識が自分の役に立っている事例を知りたい人のために、ここにいくつか単純な例を示しておこう。

あなたが眠っているときに、呼吸を**コントロールしている**。

恒例の旅行をしているあいだ、型にはまった行動をするのを**助けてくれる**。

自分の名前に似ているものが目に入ると、即座に関心を持つよう**仕向ける**。

私たちは日々、自分の意図とは関係なく起きることを全部一人で判断して整理し、計算し、対処しなければならない。そんなときは誰もが潜在意識に頼っている。

この本では前作〝Magic Words〟で紹介した「魔法の言葉」をいくつか取り上げたうえに、さらに新しい言葉を加えて、あなたがそれを会話でどう使うか、適切な例を提示していく。選ばれた言葉の裏側にある原理を理解してもらい、あなたがそれを生活の中でさらに広範囲に使うのを助けるためにベストを尽くすつもりだ。

そうした言葉は、適正に使用すれば成果を生み出すことがすでに試され、吟味され、証明されている。もっとも本書は、〝Magic Words〟よりはるかに充実した内容になっている。各章を読み進めるうちに、人を行動に駆り立てるものが何なのかを理解し、すぐに応用できるシンプルな修正が人生をどれほど生きやすいものにしてくれるかを学んでいくはずだ。確かに、ここにある助言はビジネス上の成功のチャンスを増やすことを目指したものだが、本書で語られる原理はどれも、どんな業界にも、また個人の生活のどんな局面にも容易に適用できるものである。あなたにいま以上の説得力と影響力を与え、あなたが為すことすべてに大きな影響を及ぼすに違いない。

読むときはぜひ、かたわらにペンとノートを置いておくことをお勧めする。読み進めながら、あなた独自の事例を創作してメモしておくのがよいだろう。読み終えたらなるべく早く、あなたの創った事例を試してみてほしい。試せば試すほど、気分が楽になり、自信を持てるようになるはずだ。

私がこの本で語っていることは単純すぎるように感じるかもしれないが、単純なことが必ずしも容易であるとは限らない。気まずい思いを何度もして慣れることだ。あなたから結果を聞くのが待ち遠しい。ぜひお好きなソーシャルメディアを使って私に連絡し、意思決定を促す触媒的な存在となるデシジョン・カタリストとして熟練し、会話を真に価値あるものにできるようになった経緯を教えてほしい。

1

これはあなた向きかどうかわかりませんが、でも……

1. I'm Not Sure If It's for You, But

アイデアや製品、サービスの売り込みに失敗する典型的な理由の一つに、売り手が断られるのを恐れることがあるという。

だからこそ私は、ほとんどどんな相手に対しても、また、ほとんどどんな場合にも、何かを紹介するときに使えば、断られる心配がいっさいない「魔法の言葉」から始めるのがいいと思った。その言葉とは、「これはあなた向きかどうかわかりませんが、でも……」である。

まずは、このシンプルな言いまわしがどう働くかを理解してもらう時間を設けよう。「これはあなた向きかどうかわかりませんが、でも……」と切り出すのは、その言葉が聞き手の潜在意識には「無理強いするわけじゃありませんよ」と聞こえるからである。「あなたには興味がないかもしれませんね」とほのめかせば、自然に相手の関心を呼び起こせる。相手は「これは」とは何だろうと頭をひねり、好奇心の虜《とりこ》となる。そればかりか、心のエンジンを稼働させ、ここはひとつ決断しなければ、という気になる。しかも、ソフトな切り出し方のおかげで、相手はその決断を下したのは無理強いされたからではなく、あくまで自分一人で行ったものという気持ちになる。

もっとも魔法が働くのは、フレーズの最後に「でも」が付いているためである。「でも」は通常、どんな会話でも避けたほうがいいと考えられている。

あなたが雇い主からこんな切り出し方をされたらどう思うか、想像してみよう――「君がチームの中でとても大切なメンバーであるのはわかっている。われわれはきみが会社のためにしてくれたことをどれも高く評価している。でも、いまは変化が必要なんだ」

あなたの記憶に残っているのは、上司の言葉のどの部分だろうか？　おそらくあなたが集中して耳を傾けたのは、「でも」のあとではないだろうか。「でも」という単語は、その前の言葉を全部否定してしまうから、あなたが「これはあなた向きかどうかわかりませんが、でも……」と言えば、相手の頭の中で小さな声が語りかけるはずだ。「あなたはこれを見たいはずですよ」と。

1　これはあなた向きかどうかわかりませんが、でも……

あなたが、「これはあなた向きかどうかわかりませんが、でも……」と言えば、**相手の頭の中で小さな声がこう語りかける——「あなたはこれを見たいはずですよ」**

用例

よくある場面で役に立つ例をいくつか紹介しておく。

これはあなた向きかどうかわかりませんが、でもいずれ（ここにあなたの製品やサービスの好成績を入れる）に関心を持つ人が出てくると思いますよ。

これはあなた向きかどうかわかりませんが、でも今度の土曜日にプランがあるので、参加してくだされば歓迎します。

これはあなた向きかどうかわかりませんが、でもこのオプションが有効なのは今月いっぱいですから、それを逃せばきっと後悔されると思いますよ。

このように、お断りになってもかまいませんよという姿勢でアプローチすると、ごくシンプルな反応を引き出すはずだ。次の二つのうちのどちらかが考えられる。相手は、興味をかき立てられ、身を乗り出してもっと情報を聞き出そうとする。あるいは、悪くてもせいぜい、少し考えてみたいと答えるぐらいだろう。

2

心の広さ

2. Open-Minded

一〇〇〇人が集まった場所で、「自分は心の広い人間だと思っている人は？」と問いかけたら、九割以上が手を挙げるのは間違いない。

この国に住む人のほとんどが、自分は心の広い人間の基準を満たしていると考えているようだが、その理由を理解するのは決して難しくない。

「心の広さ」の反対は「心の狭さ」であると見なされているのだから、こんなふうに選択を迫れば、ほぼ間違いなく相手の気持ちをあなたのアイデアのほうに引き寄せることができる。人が自分を心の広い人間であると思いたがるのを知っていれば、会話の中で苦労せずに優位に立てる。

相手が知らない人であれ、友人や潜在顧客、チームの同僚であれ、これまでなかった新しいアイデアを紹介するときは、まず「あなたはどれぐらい心の広い方でしょうか？」と切り出そう。そのあとにあなたが相手に選ばせたいシナリオに基づいた言葉を続けることで、あなたの希望どおりの支持を与える方向へと相手を自然に導いていける。この切り出し方を用いれば、望みの答えを得る可能性が五〇％であったものを、九〇％から一〇〇％まで引き上げられる。誰もが心の広い人間でいたいからだ。

用例

実際に使える例をいくつか挙げてみよう。

これを代案として試してみることについて、あなたは**どれぐらい寛大ですか？**

あなたは、チャンスを与えてくださる**心の広さをお持ちですか？**

月収を増やすことについて、あなたは**どれぐらい柔軟にお考えですか？**

私たちが仕事をご一緒することを**受け入れるお気持ちはありますか？**

こうした問いかけをされると、相手は提案を拒絶するのが大変難しくなり、少なくとも可能性を探ってみることはしなければならないという気持ちになる。一見あなたは相手に選択権を与えているようだが、実は自分が与えたい一つの選択肢にはっきり重点を置いている。「せめてこれを試してみる心の広さはお持ちですよね?」と。

新しいアイデアを紹介するときは、まず「あなたはどれぐらい心の広い方でしょうか？」と切り出そう。

そうすることで、あなたの希望どおりの支持を与える方向へと相手を自然に導いていける。誰しも心の広い人間でいたいのだ。

3

あなたはどこまでご存じですか？

3. What Do You Know?

自分が一番事情に通じていると思い込み、人に自分の考えを押し付けたがる相手のせいで、たちまち論争に変じてしまう会話を、あなたも何度となく経験したのではないだろうか。

人を動かすためには、会話をコントロールするすべを知らなければならない。主導権を握るには、相手の立場を確固としたものから不安定なものへと移行させるのも一つの手だ。普通は、そういう不安定な立場を創り出すために、相手の考えに正面から異議を唱えたり、場合によってはケンカ腰で議論を吹っかけたりすることが多い。あなたも、相手がこちらの言っていることを一向に理解しないのにいらだったり、相手の先入観を打ち砕けずに困り果てたりしたことが何度もあるだろう。そうしたことは、往々にして新しいアイデアやコンセプトを紹介しようとしたときに起きるが、多くの人が持っている〝私が一番の事情通〟心理を打ち砕くのは容易ではない。

多くの人が持つ“私が一番事情通”心理を打ち砕くには、**相手の考えの基礎になっている知識に疑問を投げればいい。**

あなたも、人に議論を吹っかけられるのは嫌だろうから、そういう場合はどうしても引き下がったり、その場を立ち去ったりしてしまう。自分の意見を主張することは大切であるが、その意見は何らかの知識に基づいたものでなければならない。こうした論争を打開する最善の手法は、議論に勝たないことである。勝とうとするかわりに、あなたは相手の考えの基礎になっている知識に疑問を投げてやればいい。その狙いは、自分の意見にはさほど根拠がないのを相手に認めさせるように状況を変えることであり、同時に会話の中で相手の顔をつぶさないようにすることである。

「この件について、あなたはどこまでご存じでしょうか……」という切り出し方には、相手の知識の基盤をやんわりと威嚇し、彼らの主張の土台になっているものを明らかにするように仕向ける力がある。そうすることで、相手が自分の言い張っている主張に根拠がないことに気づく場合も決して少なくない。

用例

現実に使える例としては……

私たちやわれわれのビジネス、他とは違うやり方をしていることについて、**あなたはどこまでご存じでしょう？**

（何か出来事を入れる）があって以来、すべてが変わってしまったことについて、**あなたはどこまでご存じでしょう？**

ここでは、どんなふうに事が進んでいるか、**あなたはどこまでご存じでしょう？**

（何か製品部門を入れる）の利益について、**あなたはどこまでご存じでしょう？**

こうした問いかけによって、相手はもしかしたら自分の考えは間違っているかもしれないと気づき、それまでよりはるかに変化を受け入れやすくなる。

たとえうまくいかなくても、少なくとも相手の主張の根拠を正確に把握できるし、それに対抗する意見を用意できる。この言いまわしを使えば、自信を持って異論を唱えられるし、議論になるのを避けることができる。議論をすれば、必ず敗者が生まれる。どちらが負けるにせよ、あなたが望む結果を持って帰る可能性は低くなってしまう。みんなが勝てないなら、みんなが負けたほうがいい。

4

もし～だったら、どんな気分でしょうね？

4. How Would You Feel If?

会議場で、紙吹雪のようにふんだんにばらまかれている言葉に、「モチベーション」がある。ところが、聴衆にその言葉の意味を私にも教えてくれませんかと問いかけると、返ってくるのはぽかんとした顔ばかりだ。

交渉や説得、誘導といった行為全般を理解するための真の基盤となる「モチベーション」の意味は以下のとおりである。ただし、あなたのパフォーマンスを最高レベルに引き上げたいなら、自分でさらに探ってみるべきだろう。

平たく言うと、この言葉を理解すれば、ほとんどの相手に、ほとんどどんなことでもやらせることができるようになるだろう。

モチベーションという言葉は、二つの一般的な言葉を組み合わせたものである。最初の部分はラテン語の〝motivus〟を語源としており、現代語に訳せば〝motive〟(動機)となる。motiveの意味を持つもう一つの言葉は〝reason〟(理由)である。〝-ation〟の部分は〝action〟(行動)から派生したもので、人が「行動する」とは、「何かをする」、あるいは「動く」という意味になる。つまり、モチベーションをごく単純に定義すれば、「動く理由」、あるいは「(何かを)する理由」ということになる。

ではここで、こんなふうに自問してみよう。十分大きな理由があれば、どんな相手であれ、何をさせるにせよ、ほとんど意のままにできると言っても過言ではないだろうか？もしあなたが、普通はやりたがらないことを人にさせたいと思ったら、まずは正当で、十分大きな理由を探す必要がある。何が十分大きな理由かを理解するには、どうすれば人にやる気を起こさせることができるかを理解しなければならない。

人がやる気を起こすのは、損失を避けるためか、利益を生む可能性のあるものを得るためかの、二つに一つである。誰しも光のほうへ、常々探し求めている良いもののほうへ向かいたがるか、あるいは自分を傷つける可能性のあるものから逃れようとする。現実の世界を見ると、人は利益の可能性の追求より、損失の可能性を避けるほうにより力を注いでいるようだ。

それ以上に重要なのは、人がいたくない場所と、いたいと望む場所の間の違いを際立たせれば際立たせるだけ、人を動かすことができるという事実だ。モチベーションの真理を理解し、次に挙げる要点と合わせれば、この魔法の言葉の本当の文脈がわかるはずだ。

次に考えなければならないのは、人が意思決定をする場合、感情と論理のどちらを基盤にしているかという点である。この疑問への答えは、むろん両方ということになるが、ただし意思決定の際には常に感情面が優先される。

現実の世界を見ると、人は利益の可能性の追求より、**損失の可能性を避けるほうにより力を注いでいるようだ。**

頭で考える前に、正しく感じとらなければならないこともある。おそらくあなたも、なぜ相手が自分の助言に従わないのかわからずに困り果て、「なんでこの人がそうしないのか理解できない。そうするほうが理にかなっているのに」と怪訝《けげん》に思いながら会話を中断した経験があると思う。もしあなたが、自分の助言を理にかなったものにすることによって議論に勝とうとしているのであれば、判断間違いをしていることになる。人は、最初に正しいと感じた言葉に基づいて意思決定を行うものなのだ。相手に正しいと感じさせることができれば、あとはさほど難しくない。

こうした二つの複雑な原理を理解したことで、すべての要素をまとめて質問の前置きにした、この魔法の言葉が生まれた。「もし～だったら、どんな気分です？」と切り出せば、相手は未来のある時点へタイムトラベルして、そのとき抱くであろう感情を想像する。肯定的であれ、否定的であれ、感情を呼び起こす時点を選択することで、あなたは変化することに価値があるという真実を見せられる。それはまた、成功を勝ち取るための、あるいは損失を防ぐための助けになる方法に関するあなたのアイデアを受け入れる覚悟を、相手にさせることにもなる。

そのときあなたが生み出したのは、未来指向の仮定的シナリオであり、相手は自力で未来を読み取るようになる。

用例

例は以下のとおり。

もしこの決断があなたの昇進につながるとしたら、**どんな気分でしょうね？**

もし競争相手に先を越されたら、**どんな気分でしょうね？**

もしこの状況を好転させたら、**どんな気分でしょうね？**

もしすべてを失ったら、**どんな気分でしょうね？**

こんなのはどうだろう？　来年の今頃は借金ゼロになっていたら……、夢に見た家に住み、次の長期休暇のプランを立てていたら……**どんな気分でしょうね？**

「もし〜だったら、どんな気分でしょうね？」で始まる仮定的な未来のシナリオを示してやれば、相手は自分の未来を思って気分が高揚し、良いニュースを求めるか、悪いニュースから逃れるかは別にして、行動する意欲を持つはずだ。忘れてならないのは、良し悪しのコントラストを大きくすればするほど、人を動かせる確率は高くなる点である。

5

まあ、想像してみてください

5. Just Imagine

どんな意思決定の場合も、人は常に最低でも二度、決断を行うことをあなたはご存じだろうか。最初の決断は憶測に基づくもので、二度目でようやく現実的なものになる。

だからこそ、人に決断を促すためには、あなたが自分でそれをした場合を想像してみる必要がある。あなたは誰かに対して、こんな言葉をいったり、思わず口にしてしまったりしたことがあるのではないだろうか？——「自分がそんなことをしているなんて想像もできないけれど」と。

これは掛け値なしの真実である。人は自分がそれをやっている場面を想像できなければ、それをする可能性はほとんどないに等しい。人は頭の中にあるイメージに基づいて決断を行うので、相手の頭にイメージを植えつけられれば、その効果を利用して相手の決断に影響を及ぼすことができる。

人の頭にイメージを浮かばせる方法は、物語を語ることである。私たちはみな子供の頃に、「むかしむかしあるところで……」と始まるたくさんのすぐれた物語を聞かされてきた。その出だしを耳にしただけでリラックスして、その時間を楽しめばいいとわかったものだ。誰かが言葉を使って私たちの飛びこめる世界を描き出していく間は、想像力を自由に羽ばたかせればいい、と。もっとも相手が大人の場合は、同じ出だしで物語に引き込むのは難しいから、同様のイメージの効果を生み出す魔法の言葉が必要になる。「ちょっと想像してみてください」という言葉を聞けば、潜在意識にスイッチが入り、イメージビューアーが始動し、いやがおうにもあなたが創り出したシナリオをそこに映し出す。

前章であなたは、避けるモチベーションと、求めるモチベーションを学んだ。それと同じ厳密なルールを適用して、あなたの望むとおりに人を動かすための〝想像してみてください〟シナリオを完成させよう。

用例

例は以下のとおり。

あなたがこれをやれば六ヵ月後にはどうなっているか、**ちょっと想像してみてください。**

――

この機会を逃したらあなたのボスが何と言うか、**ちょっと想像してみてください。**

――

あなたがこれを手に入れたらお子さんたちがどんな顔をするか、**ちょっと想像してみてください。**

――

これが持つ影響力を**ちょっと想像してみてください。**

――

あなたの主張を実現させるために、相手の想像力を利用すれば、当て推量は不要になり、あなたがどんなにがんばっても描写できないほど生き生きとした現実を創り出すことができる。チームの同僚や潜在顧客に向かってこう言っているところを想像してみよう。「ディズニーランドへの旅行を予約したよと言ったときに、お子さんたちの顔に浮かぶ笑みを、ちょっと想像してみてください」「ステージに上がって、ご褒美の多額の小切手を受けとったときのことを、ちょっと想像してみてください」「最新型の車で家に着いたときのことを、ちょっと想像してみてください」――あなたがそんなふうに言えば、たちまち相手の頭にはその場面が浮かんでくるだろう。

場面が見えれば、その実現を信じる気持ちがこれ以上ないほど強まるものだ。これを実行したときとしないときで、あなたやあなたのビジネスにどんな違いが生じるか、**ちょっと想像してみてください。**

人の頭にイメージを浮かばせる方法は、物語を語ることである。

「ちょっと想像してみてください」という言葉を聞けば、相手の脳はあなたの作ったシナリオを映し出す。

6

いつならご都合がよいでしょう?

6. When Would Be a Good Time?

「いつならご都合がよいでしょう?」。相手にあなたの製品やサービス、アイデアを真剣に考慮してもらいたいとき、この単純な表現があなたの抱える最大の難問の一つを解決に導いてくれる。

あなたの提案に耳を貸してもらえない最大の原因の一つは、相手にそれを考慮する時間がないと言わせてしまうことだ。

「いつならご都合がよいでしょう?」と切り出すことで、相手は無意識に「都合のよいとき」があり、「ノー」は選択肢にないと考えるようになる。こうした前提があれば、相手もこの案件は自分のスケジュールにきちんと組み込めるものであり、あとは特定の日付と時間を確認するだけでいいと認めざるを得ない。これこそ、相手に時間がないとは言わせずにすむ単刀直入な問いかけであり、その結果、あなたが直面する最大の障害の一つを回避する助けになる。

用例

あなたにも使える例には、以下のようなものがある。

これをきちんと見ていただくのは、**いつならご都合がよいでしょう？**

――

始めるのは、**いつならご都合がよいでしょう？**

――

次にお話をするのは、**いつならご都合がよいでしょう？**

――

こうした場面になったら、会話の主導権を握っておくために、返事をもらった時点ですぐ、次の連絡を取る日時を正確に決めておくべきだ。

フォローアップをする機会や決めた日時に、もう一度先方に会ったときは、前回検討を頼んだ件についてどう思うかとは決して尋ねないこと。そんなことをすれば、相手は遠慮なく悪材料を持ち出したり、懸念を口にしたりできるようになる。直接考えを問うのではなく、質問を変えて、「あれのどんなところが気に入りましたか？」と尋ねて、相手が頭の中で好材料を並べていくのを見守ろう。

「いつならご都合がよいでしょう？」と切り出すことで、**相手は無意識に「都合のよいとき」があり、「ノー」は選択肢にないと考えるようになる。**

7

どうやらお時間がなかったようですね……

7. I'm Guessing You Haven't Got Around To

フォローアップというテーマにもう少しこだわり、次のようなシナリオのときに使える言葉を紹介する。あなたは、やってほしいことを相手がまだ何もしていなかったらどうしようかと思い、連絡するのをためらっていると想定してみよう。

すでに提案の細部については伝えてあるし、相手が誰か別の人間に相談をしたいと言っていたことも承知している。そろそろ、次の段階に進むために連絡を取る必要があるのではないだろうか？

相手が何もやっていないのではないかと心配なときは、ずばり進捗状況を聞くのではなく、もう少し別の言葉で会話を始めたいと思っても無理はない。

相手の顔をつぶさず、なおかつありきたりの言い訳を使わせないようにして会話を始めてみよう。そうすれば、相手は会話をあなたの望む方向へしか進められなくなる。相手が言い訳できなくなるのは、そちらが用意してきた言い訳を使おうとしているのは先刻承知ですよと言わんばかりに、あなたが大胆な切り出し方で会話を始めたからである。あなたはこう切り出す――「どうやらお時間がなかったようですね」

決める前に同僚に相談しなければならないと言っていた人に、電話をかける場面を想像してみよう。

もしあなたが、「どうやら、ご同僚と相談される時間がとれなかったようですね？」と切り出せば、相手はその言い訳を使えなくなる。相手の反応は次の二つに一つだ。約束したことをちゃんと果たしたことを誇らしげに語るか、あるいは約束を守れなかったことに恥じ入り、その埋め合わせのために新たに約束をするだろう。

用例

こんな例もある――

どうやら書類を精査する**お時間がなかったようですね？**

――

どうやら日程を設定する**お時間がなかったようですね？**

――

どうやら決断する**お時間がなかったようですね？**

――

否定的な予想をぶつけることで、相手を前向きな姿勢にさせ、以前やると約束したことをどんなふうに果たすか、具体的に話すよう仕向けることができる。

下手をすると話が意図せぬ方向に行ってしまうかもしれないとあなたが恐れる言葉を使って、相手を完全に武装解除してしまうシナリオを創り出せる。もしあなたが、「どうやらまだ、決断するお時間がなかったようですね？」と言えば、相手は「そうなんですよ。まだ考慮中なんです」と答え、それが交渉を始めるきっかけになる。逆に、「時間はありましたよ。もう決めました」という答えが返ってくれば、あなたは「素晴らしい。いつ始める準備が整いますか？」と返せばいい。

否定的な予想をぶつけることで、相手を前向きな姿勢にさせ、以前やると約束したことをどんなふうに果たすか、具体的に話すよう仕向けることができる。なぜなら、たいていの人は約束を守るし、約束を違えて非難されると罪悪感を抱くからだ。

8

シンプルな言葉の置き換え

8. Simple Swaps

この短い章では二つの魔法を紹介する。いずれもシンプルなテクニックを使っている。このテクニックは心理学を土台とするもので、オープン・クエスチョン*とクローズド・クエスチョン**を置き換えることによって、思いどおりの成果、あるいは返答を得ることができる。

私が最初にそれを思いついたのは、セールスのプレゼンテーションを締めくくるときに、多くの人が犯しがちな重大なミスを防ぐ手段を探していたときだった。

プレゼンテーションの終わりにありがちなのが、「質問はありますか?」という問いかけである。こう尋ねられると、聞き手は何か質問することがあってしかるべきだと暗に言われているような気になる。質問を思いつかないと、自分が場違いな人間か、能なしのように思えてくる。それをきっかけに、何かを決断する場から立ち去り、その案件について頭を絞るのをやめてしまうことも少なくない。

* 訳注：回答に制約がなく、自由に考えて答える質問をオープン・クエスチョンといいます。より多くの情報を引き出したい場面で使われます。「私に聞いておきたいことは何ですか?」はこれに当たります。

** 訳注：「イエス」「ノー」を答えるような質問、または選択肢から答えを選ぶような質問をクローズド・クエスチョンといいます。ここでは「質問はありますか?」がこれに当たります。

言葉を少し変えただけで、主導権を握れる場合がある。

「質問はありますか？」の代わりに、「私に聞いておきたいことは何ですか？」と変えてみよう。

言葉をほんの少し変えることで、手に負えない状況が、あなたが完全に主導権を握った状況に移行する場合がある。「質問はありますか？」の代わりに、「私に聞いておきたいことは何ですか？」と変えてみよう。結果はすぐに予想がつくだろうが、相手にとって一番楽な反応は、聞きたいことはないと答えることである。その本当の意味は何なのか？ それは、相手はすでに腹を決めており、あなたはその決断を確認するのに申し分のない立場にいるということである。こんなふうに言葉を変えれば、たいていの場合、聞きたいことはないという返事か、あるいは相手がどうしても聞きたがっている質問が返ってくることになる。

どちらの場合も決断が下されるのはまもなくで、あなたはあの不愉快な「少し考慮の時間が必要だ」という返事を避けることができる。

これが一つ目のシンプルな教えだが、私はこの章でもう一つ紹介すると約束した。もう一つの言い換えはシンプルだが奥深いもので、会話、書類、メールなどあらゆる場でうまく機能する。これを最大限に利用できるのは、あなたが人から追加情報を、できるだけ苦労せずに手に入れようとしているときだ。あなたが誰かと話し合いをして、その後にもう一度会話の場を持ちたいと望んでいるときのシナリオを考えてみよう。多くの人が犯しがちな過ちは、「あなたの電話番号を教えていただけますか？」と尋ねることだ。こうした許可を求める質問には、聞かれた側が抵抗を覚えやすく、希望どおりの返事をもらえる確率は低くなる。「イエス」「ノー」を答える必要があるからだ。プライバシーの侵害と感じる人もいる。だからその代わりに、「連絡を取るには、どの番号におかけするのが一番良いですか？」と尋ねれば、あなたは欲しい情報を労せず手に入れられる。

この二組の魔法の言葉は、言葉をほんの少し変えただけで、話し合いから得られる成果がまったく違ってくることを教えてくれる。

言葉をほんの少し変えただけで、会話から得られる成果がまったく違ってくる。

9

あなたには三つの選択肢があります

9. You Have Three Options

人は誰でも他人の言いなりになるのを嫌い、最終的な決断は自分一人でしたと思いたがる傾向がある。何かを決めるのに助言を求められたときは、こうした言葉を使うことで視界を限定し、選択肢を減らし、選択を容易にできる。

「私の見るところ、あなたには三つの選択肢があります」という言葉は、人が意思決定のプロセスを乗り切る助けとなり、あなたが公平な立場でそのプロセスに参加しているように見せる働きをする。

あなたは単純に選択肢を並べて見せただけだが、そうすることであなたの望む一つの選択肢が選ばれやすい並べ方をする機会を持てることになる。三つだとリズムもよく相手の耳に入りやすいし、あなたの望む選択肢を最後に回すことで、その価値を高め、重みを加えて、明らかに好ましいものとして際立たせることができる。

もちろん、そういった例をいくつか挙げてみせることは可能だ。それどころか、あなたの人生に関連する例を数十は挙げることもできるが、ここではあなたの思考のヒントになる例を一つだけ紹介しよう。

用例

あなたは自分の事業ないし会社に雇用するつもりで人材を探しているが、候補者はまだ態度を決めかねている。まず、現実に沿ったシナリオにするために状況を説明する発言から始めてみよう。発言はこんなふうな流れになるだろう。

「では、いまの仕事が気に入らないんですね。仕事は面白くないし、勤務時間も長い。家族と過ごす時間もなく、貯金もできないから、理想の職場とはとうてい言えないわけだ。われわれはあなたにビジネスチャンスを一つお見せしましょう。あなたが、どんな仕事が自分に向いているか確信を持てなくても、きっと気に入るはずですよ」

「ご承知でしょうが、あなたには三つの選択肢があります。一つは、別の仕事を探すために履歴書を作り、エントリーして面接を受ける。そうした手順をすべてこなせば、もしかしたら別の雇用主が似たような条件を提示し、おそらく同程度の賃金の同じような仕事をくれるかもしれません。二つ目の選択肢は、まったく何もせずにいまの立場に留まり、愚痴も言わずに現状をまるごと受け入れること。そして三番目は、とりあえずこの仕事をいまの仕事と並行してやってみて、どこまでやれるか試してみることです」

最後に、「この三つの選択肢のうちのどれを選べば、今後あなたは無理なくやっていけるでしょうね?」というもう一つ魔法の言葉を付け加えることで、相手は三つの中から一つを選ばなければならなくなる。

「今後あなたが無理なくやっていけるのはどれですか?」と問えば、何かと苦労の多い新しい仕事を選択肢から除外できる。いまの立場に留まることはすでに選択肢から外れているから、残ったのは無理なくできるもの、つまりあなたが望んでいる選択しかない。あなたが自分に有利なように、順番を最後にしたことで、一番抵抗なく選べるものになった。だから、最初に「あなたには三つの選択肢があります」と切り出し、「今後あなたが無理なくやっていけるのはどれですか?」で締めくくって、相手が悩むことなく、さっきまでは難しいと考えていた選択肢を選ぶのを見守ろう。

10

人間の二つのタイプ

10. Two Types of People

起業家やセールスのプロ、事業家などは、人の決断を助ける責任を負うことがよくある。私に言わせれば、セールスのプロの仕事を一番的確に描写する言葉は、顧客や潜在顧客の生活における〝意思決定の触媒的存在〟（デシジョン・カタリスト）だろう。もっともその仕事はもっとシンプルに、〝プロの意思決定刺激人〟（マインド・メーカー・アッパー）とも呼べるものだ。

人の関心を何かに向けさせるという大変な仕事をしている人間は少なくない。人が決断するのを助けるためには、最後は好結果につながる行動に踏み切らせる一押しをしなければならないときが来る。これは、一筋縄ではいかない仕事だ。

相手が選びやすいように、いくつかの選択肢を取り除いたり、無理のない選択肢を考え出したりして手助けをしよう。選択肢が対極にあるものであれば、決断は容易になる。ワインは赤か白か、海に行くかスキーに行くか、ラブコメを見るか外出するか――どれも、もっと広い選択範囲があるときよりは、はるかにシンプルな決断になる。あなたの目指すところは、選択肢を明確に提示する言葉を創り出し、あとは本人に選ばせるようにすることである。

「人間の二つのタイプ」という魔法の言葉を用いて、自分がどちらのタイプか判断してほしいと言えば、即決に近い決断を促すことができる。「この世には二つのタイプの人間がいます」と聞くと、相手の頭の中では瞬時に、自分はどちらのタイプだろうとささやく声がする。相手は息を潜めて、どんな選択肢が並べられるか耳をそばだてるはずだ。

用例

そうなれば、あなたの役割は二つの選択肢を示して、片方を際立たせて、選びやすいようにすればよい。いくつか例を挙げてみよう。

この世には**二つのタイプの人間がいます**。自分の経済的成功の成否を雇い主に委ねてしまう人と、責任をすべて引き受け、自分の未来を築き上げる人です。

この世には**二つのタイプの人間がいます**。試しもせずに判断する人と、いつでも試す覚悟があり、経験に基づいて考えを決める人です。

この世には**二つのタイプの人間がいます**。ノスタルジーに浸って変化に抵抗する人と、時代とともに行動し、より良い未来を創り出す人です。

あなたにも、これらの例からパターンを読み取れるだろう。あなたの望む決断が選ばれるようにするには、選択肢をどう並べればいいか理解できるはずだ。

本書の読者であるあなたには、この世の人間には以下の二つのタイプがあると考えてほしい――本を読むだけで何もしない人と、読んだことを実践し、即座に成果を上げる人である。

11

どうやら、あなたと私は似たところがあるようですね

11. I Bet You're a Bit Like Me

「どうやら、あなたと私は似たところがあるようですね」――この言葉は、私のお気に入りの一つと言っていい。なぜなら、ほとんどの相手に、ほとんどのことを同意させる助けになるからだ。それも、知り合いより知らない相手に対して力を発揮する。

知らない相手に話をするときは、会話を円滑に進めなければならない。言い換えれば、「柳に風」と受け流す気持ちが必要だ。

言っていることにウソはないと相手に信じさせ、全面的な同意を労せず早々に得たいときは、魔法の言葉、「どうやら、あなたと私は似たところがあるようですね」を会話の前置きとして使うとよい。そうすれば、あなたの提案が納得のいくものである限り、相手はあなたの言うことに快く同意するだろう。

この言葉は、あなたが後に行う提案の土台になる事実を集めるための素晴らしいツールになる。私の経験で言えば、顧客にしろ潜在顧客にしろ、人間は概して常に真正直であるとは限らない。それでも、あなたの目的の妥当性を裏付ける証拠を提示すれば、相手は異議を唱えるのが難しくなる。この言葉を使って全面的同意を得られれば、よくある反論の多くを回避できるし、場合によっては相手が使うかもしれない言い訳を封じるのに役立つ。

用例

そんなことに関わっている時間はないという理由で、自分のアイデアが突っぱねられるのを心配するあなたがいると想像してみよう。会話のなかで早めに、以下のようなことを言ってみたらどうだろう。

どうやら、あなたと私は似たところがあるようですね。将来見返りがあるのがわかっているから、いまは楽しんでハードワークをこなしていらっしゃる。

どうやら、あなたと私は似たところがあるようですね。夜はくだらないテレビ番組を見るより、もっとためになることを好んでされている。

どうやら、あなたと私は似たところがあるようですね。やり残したことが一つもないよう、いつも手際よく動いている忙しい方だ。

こうした言い回しを、じっと相手と目を合わせながら会話のなかにすべり込ませれば、相手はきっとうなずくだろう。うなずくのは、自分がこの提案に同意するのをあなたが承知しているのがわかったからだ。そうなれば、自分が以前望んでいると明言したことを実現してくれるあなたの提案を、実行する時間がないと言って拒絶するのは不可能に近くなる。

魔法の言葉「どうやら、あなたと私は似たところがあるようですね」が、**相手の快い同意を引き出してくれる。**

12

もし、……なら

12. If... Then

私たちの話し方や聞き方、さらに言えば思考体系は、どれも子供の頃にプログラムされ、組み込まれたものである。
したがって、成長期を通して身につけてきた言葉の反復パターンはその人の習性や、思考体系の中のシステムを創り出す。私たちはそうしたものに頼って、個人的な意思決定のプロセスを進めていく。
例を挙げれば、だいたいが若い頃に始終耳にしたシンプルな物言いだが、その影響力は気づかれないことが多い。私たちが子供だったとき、大人はよく仮定的な物言いをしたものだ。たとえば……。

もし全部夕食を食べないと、デザートはもらえないぞ。

もし学校で一生懸命勉強しないと、希望どおりの大学に行けないし、就職もできないぞ。

もし部屋を片付けないと、週末は外出禁止にするぞ。

用例

大人がそんな仮定的な言いまわしをしたら、たぶんあなたはその言葉を信じたことだろう。こうした言いまわしは、相手の思考や行動を意のままにする力を持っている。ゆえに、「もし（if）」で始まる第一のシナリオと、「だとしたら（then）」*で始まる第二のシナリオを創り出せば、相手はその結論を高い確率で信じるようになる。

もしこれを試してみようと決意されれば、失望はさせないと約束します。

——

もしこれをあなたのお店に置いてくだされば、お客さんが気に入るのは間違いありません。

——

もしその役目を果たす機会を与えてくだされば、きっとあとで私に感謝すると思いますよ。

——

＊訳注：不自然になるので用例では訳出していませんが、原文では「、」以下がthenで始まっています。

「もし」と「～なら」の入ったサンドイッチのようなシナリオを作れれば、あなたが提示するのは、信じないでいるのはとても難しい保証付きの結果ということになる。**もし**あなたにこれを試してみる覚悟があるの**なら**、初めて使った日から成果が出ることは間違いない。

13

心配ないですよ

13. Don't Worry

「心配ないですよ」――このシンプルな言葉に関して、私が一番気に入っているのは、心配だったり、おびえていたり、不安そうだったりする人に影響を与える力を持っている点だ。

あなたも、人が心配事を抱えているのを見たり感じたりしたことや、次に何をすればいいか決めかねたり、おびえたりしているのに気づいたことがあるはずだ。この魔法の言葉は即座に不安を軽減するので、言われた側に変化が生じるのが手に取るようにわかる。

「心配ないですよ」と言うだけで、相手の緊張は解け、リラックスする。こんな短い言葉だが、自信をもって冷静に言えば、成果を上げることができる。相手はきっと「ふー」と小さなため息をつくだろう。自分を取り戻したのだ。

この言葉は強いストレスがかかる場面でとりわけ力を発揮する。相手がうろたえていても、無理なく落ち着かせられる。相手が煮え切らない態度をとったら、あなたは姿勢を正し、ゆったりと構え、自分は現状を把握しており、次のステップにあなたを導いていけるから大丈夫だと思わせるようにすればいい。

用例

こんな例もある――

心配ないですよ。あなたは神経過敏になっているんでしょう。

――

心配ないですよ。あなたは何をするのが正しいのかわかっていない。でも、だからこそ私がここにいるんです。あなたがこの過程を乗り切り、進む道に待ち構えるすべての障害に打ち勝つのを助けるために。

――

心配ないですよ。私も始める前はあなたと同じ気持ちでした。でも、いまの私をご覧なさい。

――

最後の例のように、もしあなたがこういった新しい言葉を使いこなせるだろうかと危ぶんでいても、心配はいらない。いつかは身につくものだ。会話で使うたびに少しずつ巧みになり、やがて熟練するだろう。

「心配ないですよ」という魔法の言葉は強いストレスがかかる場面でとりわけ力を発揮し、相手がうろたえていても、落ち着かせることができる。

14

たいていの人は……

14 Most People

「たいていの人は……」。これは一〇文字にも満たない短い言葉だが、私がビジネスで使ってきたどんな戦略よりも多く、交渉を成功に導いてくれたと言えるかもしれない。

事を進めるにあたって、一番の妨げになるのは決断力の欠如である。この言葉を使えば、相手はすぐに優柔不断のぬかるみから飛び出してくるだろう。

人間について知っておくべきことはいくつかあるが、なかでも大切なのは以下の二つの点である。

まず一つは、人間は自分とさほど変わらない人が自分より先にある決断をし、それがうまくいったという事実から大きな勇気をもらえることだ。

そうした場面は、もしかしたらあなた自身も体験しているかもしれない。たとえば、こんな場面はどうだろう。夏休みに、子供たちが岩の上に集まって水に飛び込もうとしているのだが、誰も先陣を切ろうとしない。ところが、一人が勇気を奮い起こして派手なしぶきを上げて水に飛び込み、やがて傷一つ負わず水面から満面の笑顔をのぞかせると、初めてみんながやってみるべきだと思うようになる。人間とは、あなたも私も含めて例外なく人に追従するもので、大勢のやることは安全であると信じている。

二つ目は、ときに人は誰かにやるべきことを教えてもらう必要があるのだが、だからと言って本人が求める前に口を出すのは失礼になるということだ。あなたにも、「私が思うに、あなたのやるべきことは……」と口出ししたくなったことが何度となくあっただろう。

この二つの要素があるからこそ、「たいていの人は……」という魔法の言葉が威力を発揮する。あなたが「いいですか、私が思うに、あなたのやるべきことはこれです」と言いたいのに、相手が気を悪くするので言えない場面に出会ったら、代わりに「たいていの人は、こういう状況ではこんな振る舞いをするでしょう」と手短に言って、その言葉が状況を一変させるのを見守ろう。

あなたが「たいていの人」のすることを話せば、聞き手の潜在意識はこうささやくだろう――「そうだ、私もたいていの人の一人だ。たいていの人がそうするのであれば、たぶん私もそうすべきなんだろう」

あなたが「たいていの人」のすることを話せば、相手の脳はこうささやく。

「自分もたいていの人の一人だから、たぶん私もそれをすべきなんだろう」と。

用例

この例は数え切れないほどある。

たいていの人は私がお手伝いすれば、今日中にこの申込書の項目を全部埋められます。そうすれば、あなたは記念品セットをもらえるし、新製品購入の予約ができます。

たいていの人は、最初は小口注文から始めて、優良商品をいくつか試し、それが日常生活でどれだけ役立つか見てから、次に何を買うか決めるものです。

あなたと同じ環境にいる**たいていの人は**このチャンスに飛びつきますよ。危険はないとわかってますからね。

こうした要点を一つ一つ検討して、あなたの意見を強化するのにどれぐらい使えるか見てみよう。実は、たいていの人は日々の会話の中で「たいていの人」という言葉を使っており、その言葉に自分の影響力を即座に高める力があるのを体験しているのだ。

たいていの人は日々の会話の中で「たいていの人」という言葉を使っており、**その言葉に自分の影響力を即座に高める力があるのを体験している。**

15

グッドニュースと言えば……

15. The Good News

そろそろ、どうすれば負のエネルギーを反転させられるかを語るべきときだろう。負のエネルギーを発するのは、チームの同僚やあなたが期待している人間かもしれないし、あなたの人生に偶然紛れ込んだ人間かもしれない。

「グッドニュースと言えば……」という言葉は、ラベリングと呼ばれるテクニックを使い、マイナスをつなぎ合わせてプラスにするツールを提供してくれる。

あなたが一度何かにラベルを貼ってしまえば、相手は会話の中でそのラベルを剥がすことがほぼ不可能になる。

この新しいラベルを受け入れることが、最小の努力で会話の流れを変え、さらに望ましい結果を生み出す方向へ動かす能力を生み出す。

ここぞというときの前置きに「グッドニュースは……」という魔法の言葉を使えば、聞き手はあなたの貼ったラベルを受け入れざるを得なくなる。こうした楽観的な考え方になることが、現実の負の部分に立ち向かう助けとなり、非難と嘆きの混じり合った自己破壊的会話になるのを防ぎ、新たな道を切り開くのを手伝ってくれる。

「グッドニュースと言えば……」と前置きすることで、**相手を楽観的で前向きになるように仕向けて、会話からマイナスのエネルギーを打ち消すことができる。**

何かをしようとしても自分の実行力に自信を持てない人がいたら、あなたはこう応じればいい。「何はともあれ、グッドニュースと言えば、あなたと同じ立場でスタートした何十人もの人間が、これまでずっと成果を上げてきて、今度はあなたをサポートすることでしょうね」

もし相手が、ビジネスをうまく進めていくのに必要なスキルに自信がないと言うのであれば、こうだ。「グッドニュースと言えば、このビジネスで成功するのに必要なすべてのスキルをあなたのペースで身につけられる総合的な研修を、われわれが行っていることですね」

相手が、もっと成功することを望んでいるのに変化に対して抵抗感を持っている場合はどうだろう。こう応じればいい。「グッドニュースと言えば、自分の今やっていることがうまくいっていないのをあなたが知っていることでしょう。もしそうなら、これを試してみたところで、何か害があるでしょうか?」

「グッドニュースと言えば……」と前置きすることで、相手を楽観的で前向きになるように仕向けて、会話からマイナスのエネルギーを打ち消すことができる。

「グッドニュースと言えば……」と「それは素晴らしい」の合わせ技で場を前向きの雰囲気にすれば、**あなたはたちまち相手の頭の中のバランスを変えてしまえる。**

前に進むのをためらう理由を並べ立てたり、言い訳をしたりする人を相手にしたときは、もう一言付け加えることで、前と同じ原理を利用できる。

相手が何か言い訳をするときは、あなたがそれに反論するか、その論点について議論を吹っかけるのを予期している。次の機会に、相手がなぜそれをしたくないのか理由を述べたら、あなたは「それは素晴らしい」と答えてやることだ。相手が「～だから、私にはできなかった」と言ったら、あなたは「それは素晴らしい。うまくいかないやり方を一つ発見したじゃないですか」と言ってやろう。そうすれば、きっとあなたを見る目が変わるはずだ。あなたは相手の考え方を変えたのだ。なかには、あなたの完敗と考える人もいるかもしれないが、そんな人物はあなたの人生に必要ないではないか。

「グッドニュースと言えば……」と「それは素晴らしい」の合わせ技で場を前向きの雰囲気にすれば、あなたはたちまち相手の頭の中のバランスを変えてしまえる。相手は自分の胸に問いかけることで、より良い結果と行動に向かって動き出すだろう。

16

次にどうなるか

16. What Happens Next

ここで、ビジネス上の議論にしょっちゅう登場する場面を見てみよう。

あなたは機会を作り、胸躍るような見通しを披露し、自分にどんな助力ができるかを伝え、完璧なプレゼンテーションをやってみせた。相手はにこやかにうなずきながら、あなたの提案を全部聞き終えた。そこまでたどり着いたとき――

あなたは相手に決断してほしいのだが、関係の構築と知識の共有が全部すんだのに、実際の決断を主導する者がいなくて、会話が突然止まってしまうことがある。

こういうケースは実に多い。せっかく始めたことを最後までやり遂げられないのは、厚かましいとか、押しつけがましいと言われるのを心配する人によくあることだ。決断を人まかせにして、正しい選択をしてくれるのを願うのはとても楽だ。しかし、あなたの助けがなければ、相手が意思を決められないこともよくある。そうなると、みんなが損をしてしまう。

こうした助言的な議論では、会話を主導する責任はあなたにあり、必要な情報を共有したら、結論を出す方向に導くのはあなたの役目である。

会話を主導する責任はあなたにあり、
必要な情報を共有したら、結論を出す方向に導くのはあなたの役目である。

あなたは、次にどうなるかを教えてあげなければならない。そこで必要になる魔法の言葉は、ずばり「次にどうなるかと言えば……」である。この言葉が、相手が意思決定するのに必要な情報や、あなたがプレゼンテーションで提示した情報を全部まとめ上げ、次に必要な交渉の完了へと相手を導いてくれる。あなたの役目は、相手の関心をつなぎとめることである。

何をしたいかと相手に聞いてはいけない。ただ単に、次に何があるかを話してやるのだ。

「次に何があるかと言えば、お互いにしばらく時間をとって、あなたは履歴書を書き上げ、こちらはあなたができるだけ早く必要なものを全部受け取れるよう手はずを整えます」

「そのあと、仕事を始めるために次回のミーティングの日時を決める必要があります。今度お会いしたときには、あなたが自分の目標を見定め、どんなサポートを受けられるか正確にわかるよう、一つ一つステップを踏んでいくお手伝いをします。あなたの個人情報を登録したいのですが、どちらのアドレスを記入しておきましょうか？」

答えやすい質問であればあるだけ、

決断は容易になる。

このプロセスを完了させる質問が容易に答えられるものであることが、迅速な反応と前向きの結論を引き出すカギになる。

いま取り上げた例の中で、最後に単純な質問を投げかけたときに、相手がアドレスを即答した場合は、相手があなたの提案に歩み寄っていることを意味する。

この会話を締めくくる質問はどんなタイプのものでもかまわない。答えやすい質問であればあるだけ、決断は容易になる。簡潔で建設的に「次にどうなるか」を話すことができれば、あなたは他の言葉よりはるかにうまく一回目のミーティングを終えられる。そして、次に相手と会うときはさらに多くの成果を生み出せるだろう。

17

なぜ、そんなことをおっしゃるのですか?

17. What Makes You Say That?

反論は、日々どこにでもころがっているものだ。公私にわたって他人の優柔不断な態度に悩まされることは多いし、自分自身も人の意見に従わなければならなくなることがいやというほどある。

話し合いが衝突に発展することはめずらしくない。しかし、大多数の人は議論を避けるために、喜んで自分の目標を手放してしまう。楽な生き方を選ぶのだ。

反論を打ち負かすには、まずはその反論の実態を理解しなければならない。常に考えられる可能性として、実は反論が「いえ、けっこうです」を言いたいがためだったり、決断を先延ばしにするためだったりする場合もある。ところが、どんな話し合いもそれをきっかけに主導権が移行し、声を上げた者が力を持ち、言われたほうは相手の要求に応じることを余儀なくされる。

交渉の成否はすべて、話し合いの主導権を握れるかどうかにかかっており、主導権を握るのは常に質問をしている側なのだ。どんな反論をぶつけられても、それはただの質問でしかないと考え、逆に質問で返すことで会話の主導権を取り戻せばいい。

ビジネスの場面でよく見られる反論の例は以下のとおり。

時間が**ない**。

いまは**時期が悪い**。

少し様子を**見たい**。

いまは資金が**ない**。

この件を決める前に誰かと相談する**必要がある**。

反論されたときに絶対にやってはいけないのは、反論に反論を返すこと、そして相手の意見を認めない発言をすることだ。よくある反論に対処するには、なぜそんなことを言ったか尋ねてみるか、逆の方向から質問をしてみると効果がある。

もちろん反論されたら、それに対して、あなた独自の的確な質問を考えて投げ返すことができる。もし何も思いつかなければ、似たような場面で数知れず役立ってきた、「なぜ、そんなことをおっしゃるのですか?」に頼ればいい。

交渉の成否はすべて、話し合いの主導権を握れるかどうかにかかっており、**主導権を握るのは常に質問をしている側なのだ。**

用例

以下に、いくつか例を示そう。

もし顧客が「この件を決める前に、他の者に相談する必要がある」と言えば、あなたは、「なぜ、そんなことをおっしゃるのですか？」と切り返す。

もし顧客が「実は、それだけの資金がいまはないんだ」と言えば、あなたは、「なぜ、そんなことをおっしゃるのですか？」と切り返す。

もし顧客が「他にもいろいろやっているものだから、これに割ける時間があるかどうか、何とも言えないんだ」と言えば、あなたは、「なぜ、そんなことをおっしゃるのですか？」と切り返す。

主導権が移ると、相手は答えを返し、前の発言とのギャップを埋めなければならない立場になる。

「なぜ、そんなことをおっしゃるのですか?」と聞き返すことで、相手が早計に判断するのを防げるし、議論も避けられる。それに、相手の考えをさらに深く理解できるようになるので、次にどんな考え方や行動を勧めるべきか判断できる。

あなたが相手に求めているのは、自分の考えを正確に説明せよ、ということだ。「なぜ、そんなことをおっしゃるのですか?」と問いかけることで、相手はなぜ自分がそう言ったのか、本当のところを説明する責任を負うことになる。正確な説明を受ければ、あなたは相手の意思決定を助ける立場になれるし、少なくとも相手がなぜできないのか、より深く理解できるだろう。

18

決められる前に……

18. Before You Make Your Mind Up

人の気持ちを「ノー」から「イエス」に変えるのはほとんど不可能に近い。全面的な同意へと人を動かすためには、まずは「もしかすると」の立ち位置に相手を動かすことから始めるのがよい。

相手があなたのアイデアを採用しないほうに傾いているのに気づいたら、急いでこちらに引き戻すために、「決められる前に……」という魔法の言葉を前置きにして、次の行動に移ろう。

用例

この言葉を使って会話を弾ませる例をいくつか示そう。

決められる前に、事実を漏らさず検討したか確認してみようじゃありませんか。

決められる前に、もう一度細かい点に目を通してみませんか？　そうすれば、あなたが何に「ノー」とおっしゃっているかがわかりますよ。

決められる前に、これがあなたとご家族の暮らしにどんな影響を及ぼすか、何人かに意見を聞いてみるべきじゃないでしょうか。

こうしたシンプルな例を使えば、相手を「ノー」から、別の見方で問題を検討する立場に動かし、交渉を継続させられるようになる。主導権を移行させれば、あなたは有利な立場に立てる。自分の考えを裏付ける別の情報を付け加えて、相手の判断に影響を及ぼすことができるからだ。

19

私が……できるなら、
あなたは……していただけますか？

19. If I Can, Will You?

あなたはこれまで、顧客や潜在顧客があなたの望みどおりにはできない理由を並べ立てて、事を先送りしようとする場面に出会ったことがあるだろうか？

おそらくそういう相手は、あなたに取引条件を変えさせようとしているのか、あるいは価格を自分に有利なものにしようとしているのだろう。

似たようなことが、日常生活でもよく見られる。人が行事や祝い事に出席できないのを言い訳するときなどにこういうことが起きる。

こうした場面では、通常、相手は何らかの外的条件を持ち出してきて、それがあるからあなたのアイデアを推し進めることができないと主張する。彼らはすでに高みの見物を決め込んで、自分の手に余る事態の責任を放棄しているのだ。

そんな状況に置かれたら、条件面の問題は無視して、相手の主張を退ける力を持つ質問で応じることで障害を取り除こう。これを実現するのが、「私が～できるなら、あなたは～していただけますか？」という形の質問だ。

そんな状況に置かれても、質問で応じることで障害を取り除くことができる。このパワフルな質問が相手の主張を退けてくれるのだ。

たとえばあなたは、次の金曜の夜に友だちを誘いたいと思っているとしよう。友だちはあなたの誘いを断るために、車を修理中で、バスはそんなに遅くまで走っていないという理由を挙げる。それに対して、あなたは次のような問いかけで、その主張を退ければよい。

「ぼくが車で送り迎えするよ。七時なら大丈夫かい？」

同じ原則が、もっと条件の良い他社の価格を持ち出してきて、あなたに値下げを迫る相手にも適用できる。

「同じぐらいの価格にすれば、今日中に注文を出していただけますか？」

どちらのシナリオでも、あなたは相手の言う条件に合わせなくても、次に起きることの主導権を握れる。相手は重ねて理由や正当性を主張して、あなたの前進をはばもうとするかもしれないが、逆にすんなり同意することもあり得る。条件面で合意が得られれば、あなたに可能な最上の選択肢を提示することで、望ましい結果を得られる可能性が飛躍的に高まる。

20

十分ですか?

20. Enough

「十分ですか」、「足りますか」という言葉は、とりわけ量やサービスのレベルに関する意思決定を相手にさせようとする場面で使えるものである。

この言葉を使うと、相手を少し高いところに手を伸ばすように仕向けるのが、とても容易になる。

小売りのセールスを例にとれば、顧客が特定の商品をどれぐらいの量、買い入れるかをじっくり検討することは頻繁にある。おそらく、あなたも経験しているはずだ。たとえば食料品店に行って、リンゴをいくつ買えばいいか思案したことがあるかもしれない。

誰かの意思決定の現場に立ち会えば、どんな状況であれ、あなたは相手の行動に影響を及ぼす力を持つことになる。顧客は正しい行動に導いてもらうのを好むので、その決断を手助けすることは、われわれが身につけるべきスキルとなる。このスキルがあなたをさらに高い立場に押し上げてくれるだろう。

先ほどの食料品店のケースに戻って、あなたはリンゴを四つ買うか、八つ買うか迷っているとしよう。店員が応対に出て、単刀直入に「リンゴは八個あれば足りますか?」と尋ねてきたら、あなたは即座に「イエス」と答えて、決断が下されたことになる。

誰かの意思決定の現場に立ち会えば、どんな状況であれ、あなたは相手の行動に影響を及ぼす力を持つことになる。

ビジネスにおいては、相手を常連客にして、これから何度も繰り返し製品を購入してもらうことが目標となる。それを確実にするためには、あなたの製品を利用するのが習慣的になるように、客に適正な量を売ることを心掛けるべきだ。たぶんあなたは、旅行用の洗面道具を便利に利用したことがあるだろうが、次も同じ製品を買うかどうかはわからない。それでも、もし二個分の値段で三個買えるのがわかれば、その製品があなたのお気に入りになることは大いに考えられる。

もう一つ、購入の頻度に関連する例を挙げておこう。理容店とかクリーニング店といったサービス業ではどうだろう。次の予約を決める際に、客は四週間から六週間後と言ってくることがある。もしそれが適正な間隔であれば、相手の決断の手間を省くために、「四週間ごとにいらっしゃるので十分ですか?」というフレーズを使って、無理なく頻度を増やすほうに客を誘導できる。

この原理を、あなたの事業に関連するすべての会話に組み込むことで、大きな成果を上げることができる。

取引を構成する要素は一つではないことを覚えておこう。

「十分ですか?」「足りますか?」という言葉を使うことで、相手をぶしつけな質問にも答える気持ちにさせ、無理なく「イエス」と言えるようにさせられる。

他人《ひと》の影響を受けやすい人が、二つに一つを選ばなければならない立場に置かれた状況で、巧みにこの言葉を使えば、たいていの場合、相手に大きいほうを選ばせることができる。

あなたもビジネスをするなかで、似たような場面に何度か出会ったのを覚えているはずだ。当然ながら、相手に二つの数字のどちらかを選ばせようとすれば、どちらを選ぶかは五分五分の確率になる。ところが、大きなほうの選択肢だけを示し、「十分ですか?」「足りますか?」という魔法の言葉を交えた単刀直入な質問をすれば、その確率をあなたに有利なほうへ大きく傾けられる。

この原理を、あなたの事業に関連するすべての会話に組み込むことで、大きな成果を上げることができる。取引を構成する要素は一つではないことを覚えておこう。

21

あと、もう一つだけ

21. Just One More Thing

セールスのトレーニング・プログラムでは、〝アップセル〟(upsell)の重要性が強調されることが多い。取引の最中に、客がさらに高い商品を買うよう誘導することだ。

前章では、このアップセルを成功させるためのシンプルな方法を紹介したが、それと比べると一般的とは言えない手法に〝ダウンセル〟(downsell)がある。交渉で最大の目標を達成できなかったとき、少し低い目標へ切り替えることも、ダウンセルの一つだ。

あなたが長期的な大型契約を目指していた場合は、試し注文の受注に切り替えることがダウンセルになる。あるいは、事業を一緒にやってくれるパートナーを探しているときに、手始めに客として自分の製品を試してもらうようにするのもダウンセルである。

この魔法の言葉は、会話の終わり際にチャンスを創りだすことを可能にしてくれる。次回もう一度試みるときのためにこの言葉を使えば、手ぶらで引き下がらずにすむ。このテクニックを最初に私に教えてくれたのは、子供の頃、祖父母の家で見た犯罪ドラマだった。この番組で見たのは、おそらくは私の知る限り最高のネゴシエーターと言える人物、コロンボ警部だった。彼はこの言葉で有名になった――「もう一つだけ」

コロンボはムダ話をしながら容疑者にしつこく質問し、必要な情報をできる限り集めてから、立ち去ろうとする。

ようやく難を逃れたと容疑者が思った瞬間、コロンボは振り返り、指を一本、上に突き出し、「そうそう、もう一つだけ」と言う。容疑者のガードが下がった瞬間を捉えて、コロンボはもう一つ質問をして、手がかりになる必要な情報を手に入れる。その手がかりが彼を事件解決に導くのだ。

魔法の言葉「あと、もう一つだけ……」を使えば、会話を生かしたまま次の機会につなげることができ、手ぶらで引き下がらずにすむようになる。

この教えは、私たちの人生の数多くの場面で応用できる。ここで一つ紹介しておこう。

あなたは、ぜひ肩入れしてほしいと思う相手と会って、自分のアイデアを紹介したところだ。相手はあなたという人間もアイデアも気に入ってくれたのだが、最後の一歩がなかなか踏み出せず、ミーティング終了の時間が来た。あなたは時間を割いてくれたことに礼を言い、荷物をまとめて出口に向かう。

そこでコロンボ警部から学んだように、タイミングを見計らい、くるりと振り返ると、「あと、もう一つだけ」と付け加える。何も買わずにすんだとほっとしている相手に、あなたは気楽に試せるごくシンプルなアイデアを紹介する。前に頼んだものよりはるかに楽な決断をさせることで、相手を自分の世界に引き込むことが可能になる。

用例

コロンボ風にあとから付け加える質問の例は以下のとおり。

製品を試してほしいと、**相手に頼む**。

少量の注文をしてほしいと、**相手に頼む**。

イベントに**相手を招待する**。

知り合いになって損はない人物を**相手に紹介する**。

やってほしいことを**相手に頼む**。

あなたの最初の提案には何が不足していたか、**相手に尋ねる**。

このコロンボ式タイミングと魔法の言葉「あと、もう一つだけ……」を使えば、会話を生かしたまま次の機会につなげることができ、手ぶらで引き下がらずにすむようになる。

22

好意

22. A Favor

人生においてもビジネスにおいても、他人《ひと》のサポートがなければ目標を達成するのは難しい。もし相手を、あなたの目標達成を手助けする気にさせることができれば、達成の可能性は著しく高くなる。

これまであなたは、他の誰かがあなたのために何かをしてくれることを心から願う場面に何度も出会ったことがあるだろう。生きるのをほんの少し楽にしてくれたり、可能性の扉を開いてくれたり、望ましい方向へ前進するのに必要な情報を提供してくれたりすることを――。

この本に最後までおつきあいいただいたあとで、あなたはきっと私のささやかな願いを聞き入れてくれるでしょうね？――少し考えてみてほしい。私が単刀直入に、「私のささやかな願いを聞き入れてもらえますか？」と尋ねたら、あなたはどう感じるだろうか。おそらく一瞬で、進んで手を貸すのが妥当であると考えるはずだ。

このシンプルで強力な魔法の言葉をツールにすると、何を頼まれているか知らないうちに、相手が思わず引き受けているという展開を創り出せる。好意を求める問いかけは、十中八九、相手から同意の返答を引き出せるからだ。最悪のケースでも、返ってくるのは、「事と次第による」という条件付きの同意である。

では次に、好意を与えることに同意した相手に、何をしてほしいと頼んだらいいか考えてみよう。おそらく、やってほしいことと、力を貸してくれそうな人のリストにさらに何十もの候補が加わって、あなたの頭の中はぐちゃぐちゃになってしまうだろう。本書で私は、言葉を効果的に使い分けることで、どれだけのことができるかを明らかにしてきた。「紹介」に関する事例を使って、この魔法の言葉をどんなふうに応用できるか探ってみよう。

現状の取引に満足している顧客の紹介で新しい顧客を増やしていくことは、事業の発展のためには堅実な戦略であるはずなのに、それがなかなか実行されないことが多い。人を紹介してほしいと依頼するのがうまくいかない理由は、おもに三つあるようだ。

1　怠惰な性格で、手間をかけたがらないから。
2　いつ頼めばいいかわからないから。
3　どんなふうに頼めばいいかわからないから。

1の理由から見ていくと、こういう人間はだいたいが本を読まず、トレーニングを受けたり、真剣に自己啓発を行ったりしたことがない。あなたがそんな人間ではないことはわかっているから、さっさと残りの二つの理由に進もう。

タイミングの問題ということで言えば、あなたが紹介を頼める機会はそこらじゅうに転がっていると言っても過言ではない。もし時間をかけて、いわゆる「絶好の機会」と言える例をすべて検証したら、全部に共通することが一つある。相手が機嫌の良いときだ。あなたがしてあげたことで気分を良くしていたら、必ずといっていいほど口に出る言葉がある。相手はハッピーな気分を「ありがとう」という言葉で表現するはずだ。この言葉を聞けば、あなたは誇りに思い、自尊心をかき立てられるだろう。もっともそういった感情とは別に、なぜ相手があなたに「ありがとう」と言ったか、そのごくシンプルな理由を理解することが大切だ。

感謝の表現は、負い目の感情から生まれる。簡単に言えば、相手が「ありがとう」と言うときは、あなたに借りがあると思っている。相手が恩義を感じているときこそ、助力を頼む最良のときになる。だから、今度顧客か潜在顧客に「ありがとう」と言われたら、それを合図と受け取り、いつも以上の頼み事をしてみればいい。

相手が「ありがとう」と言うときは、あなたに借りがあると思っている。

相手が恩義を感じているときこそ、助力を頼む最良のときになる。

タイミングの問題はそれでいいとして、次は、どうやって頼むかという問題を解決しよう。

相手に「ありがとう」と言われたら、それは次のような質問を切り出すきっかけになる――「私のささやかな願いを聞き入れていただけますか？」。このシンプルな問いに対しては、ほとんど例外なく同意の答えが返ってくるはずで、それは残りの要望を続けて口にするのを許可したことを意味する。そこであなたは、こんなふうに言えばいい。

「もしかしたら、適当な方はご存じないかもしれませんが……」

（こう言うことで、相手の反論を封じられる）

「……一人だけでけっこうですから……」

（一人だけであれば無理がないし、控えめな要望に見える。それに、相手も一人くらいは名前を挙げられるだろう）

「……あなたのような方を、どなたか……」

（これで相手も選択の幅を狭められ、顧客にふさわしい人物をあなたに紹介できる。ついでに言えば、相手に対するさりげないお世辞にもなる）

「……その方も〜から利益を得ることになるでしょう」

ここで、相手があなたに感謝した特別な利益か、将来につながる体験を強調する。

それから……ぴたりと口を閉じる。


相手が適当な人間を思いついたら、次にどうすべきかを心得ていなければならない。あなたはきっと、相手のしぐさで誰か思いついたことがわかるだろう。その時点で、こう言えばいい。

「ご心配なく。細かいプロフィールまで教えていただこうとは思っていません。でも、あなたが思いつかれたのはどなたですか？」

こう言えば、相手にかかるプレッシャーは自然になくなるし、「でも」を差し挟んだおかげで、相手はそのあとのフレーズだけ記憶することになる。次に、相手が思いついた人物と会える可能性のある時期を尋ねよう。

「もう一つ、お願いをしていいですか？（相手が最初の願いを受け入れた場合である）今度スティーブさんにお会いになったとき、私とのビジネスがどんなものか、一部だけでいいので教えてあげてください。それから、あなたにお力添えしたのと同じやり方で彼の手助けもできるかどうか確認するために、電話を差し上げても不都合がないか聞いてみていただけますか？」

おそらく、あなたの潜在顧客は間違いなく同意してくれるはずだ。

「来週、スティーブさんとの話がどうなったかお聞きするために、あなたに電話してもよろしいでしょうか？」

相手はきっとこれも了解してくれるだろう。電話をかける日が来たら、こう尋ねよう。

「まだスティーブさんとお話をなさる機会はなかったでしょうね？」


相手が義理堅い人物であれば、反応は次のどちらかだろう。スティーブと話をしたよ、と誇らしげに言う。あるいは、少しうろたえて、紹介は必ずするからと言って、その具体的な日時ややり方を教えてくれる。

実に皮肉だが、この手法が生み出す魔法は、あなたがプロセスの進行を遅くすると、成果が出るのが早まる。進行を遅くすれば、相手はあなたの話を聞きたがり、電話を待ち望むようになる。ようやく会話が実現したときには、ありがたく思ってくれるはずだ。

あなたが手に入れるのは、連絡の許可をくれたばかりか、あなたの提案を実行した人の経験談をすでに聞いている将来有望な顧客なのである。なんなら私が、すぐにでも名前と電話番号を教えてもらいたいくらいである。

ここはゆったり構えて、人に頼めることと、それが何かわからないうちに相手がついつい肩入れしてしまいそうなことを全部洗い出しておこう。

23

ちょっと気になったので

23. Just Out of Curiosity

提案をしたときに返ってくる反応の中で、聞いてがっかりするものが一つある。「少し考える時間が欲しい」という言い訳だ。

私は、急いで心を決めろと言っているわけでは決してない。私の経験で言えば、この言葉が自分の決断を細かく検討するために時間を取るという意味であることはまずない。ただただ、決断を先送りしているだけなのだ。

このことを現実の場面にあてはめてみよう。あなたがここに至るまでに、問い合わせに答え、潜在顧客を訪ねて事情を説明し、彼らの要求に耳を傾けることに費やした膨大な時間のことを思い起こそう。その後も、目標達成や難問解決のために自分にできる助力を懇切丁寧に説明してきたはずだ。ところがその見返りに、相手は交渉成立には何の役にも立たない、あいまいな答えを返してきた。

あんまりじゃないか、と私は思う。もしあなたが自分の役割をきちんとこなしたのであれば、次は相手が自分の旗幟《きし》をもう少し鮮明にする番なのだ。

それなのにこんな返事をされると、私なら「あんたが考えたいことって、一体何なんだ？」と叫びたくなる。もし相手が何を考えているか打ち明けてくれれば、たぶん何か手伝いができるはずなのに。問題は、私から教えてほしいとは頼めないことだ。それは無礼な行為だし、相手を不愉快にさせるだろう。だから、私と同じ立場に置かれた人々が「大丈夫です、催促してるわけじゃありません。あなたの準備ができたら、いつでも応じますよ」と言って、時間が事態を改善してくれることを願いながら、みすみすチャンスを逃してしまうのをよく見かける。

もどかしいのは、相手から本気の答えを引き出すためには、無礼で不愉快な質問を無礼でも不愉快でもなく聞こえるようにする手段を見つけなければならない点である。私が相手の返答に求めているのは同意の確約ではなく、正直な考えだ。それがわかれば、お互いに本当の障害が何かを知ることができる。

私が発見したのは、ある魔法の言葉とともに質問を切り出せば、無礼で不愉快なものが、穏やかでふんわりしたものに変わることだった。ぶしつけな質問をする理由を明らかにして相手の許諾を得れば、会話の主導権はたちまちこちらの手に移る。そういうときに私が使う魔法の言葉は、「ちょっと気になったので」である。単刀直入な質問をする場合に、何度となく完璧な前置きになってくれた。

用例

この場合の例は以下のとおり――

ちょっと気になったのでお聞きしますが、あなたのおっしゃる考える時間が欲しいこととは何なのですか?

ちょっと気になったのでお聞きしますが、あなたがこの件で決断されるのに必要な要素は何でしょうか?

ちょっと気になったのでお聞きしますが、いまこの件を進めることをあなたがためらっておられる理由は、一体何なのですか?

どの例でも絶対にしなければならないのは、質問したあと、沈黙を守ることだ。沈黙をあなたの友だちにしよう。相手の返事を先取りしたり、誘導したりしてはならない。いまや相手は、自分が適正な答えを返さなければならないことを承知しているから、次に起こるのは以下の二つのうちの一つである。

考えられる反応の一つ目は、おそらく一〇秒ほどの沈黙だろう（あなたには三週間にも感じられるかもしれないが）。やがて相手は、現実的で正直な答えを返してくるはずだ。相手の気持ちがわかれば、あなたも先へ進める。反応の二つ目は、さらに長引く沈黙だ。これは良い兆候である。その場合は、口をしっかり閉じ、じっとして、何もしないことだ。時間が過ぎるままにしておくのがいい。この長い休止のあいだに相手は言い訳を探すだろうが、だいたいの場合、うまい言い訳は見つからない。そのうち、相手はこんなふうに答えるはずだ。「確かにあなたの言うとおりだ。考えることなど何もないですね」「必要な要素など何もありません」「私をためらわせるものなどありませんね」――

あなたがした質問は、相手が自問しようともしなかったものだから、答えは当然そうなる。それはまた、お互いに最初から正しいとわかっていた決断を後押ししてくれる質問でもある。細かいことにこだわらない大胆な質問こそ、〝プロの意思決定刺激人〟（マインド・メーカー・アッパー）となるために必要なものなのだ。

細かいことにこだわらない大胆な質問こそ、“プロの意思決定刺激人”になるために必要なものだ。

最後の考察

Final Thought

これまで紹介した言葉を見ていけば、あなたもいまや、正しい言葉を正しいタイミングで使えばすべてが一変することがわかっただろう。最後にもう一つ紹介したいことがある。これは必ずしも魔法の言葉とは言えないものだが――

それでも、自分の知識や知恵を他の人に教えようとするときにこれを心得ておくと、あなたの成功のレベルに大きな違いを生み出すことができる。

聞くところによると、多くの人が自分の事業や属している産業の製品知識がないのを見破られることを恐れ、聞かれたことにはすべて完璧な答えを返さなければならないと思い込んでいるという。

一〇年ほど前、私はそれ以上ない成功を収めたセールスパーソンと会って、成功について話し合ったことがある。ロジャーという名のこの傑出した人物は、最初の電子メールの誕生にも立ち会い、電気通信業界で長く華々しいキャリアを積んできていた。アナログからデジタルへの電話の移行が話題になったとき、彼は新しいテクノロジーの仕組みについて顧客からうんざりするほど質問されたことを次のように語ってくれた。

質問されると、ロジャーは最初、テクノロジーの最新情報を伝えたいばかりに、深い知見を滔々と披露して顧客を途方に暮れさせた。返ってきたのは、ぽかんとしてこちらを見つめる顔だけだったという。あるとき、突然ひらめきの瞬間が訪れて、すべてが一変した。ロジャーは、自分のやってきたことが全部間違いだったと思い当たった。それまでは、製品の仕組みを事細かに説明するのが自分の義務だと思っていた。まもなく彼は、自分の任務は「特定の」答えではなく、「一般的な」答えをすることなのだと気づいて、質問に対する答え方を変えた。それからは、顧客に「これはどんな働きをするんですか?」と聞かれると、「素晴らしい働きをします」とだけ答えるようにした。質問した顧客の九割はこの答えに満足してくれた。

このことをどう応用できるか考えてみよう。あなたは、顧客か潜在顧客にどんな働きをするのかと聞かれたら、「素晴らしい働きですよ」と答えられるだろうか? これをすることでどんな結果が得られるのかと聞かれ、「素晴らしい結果です」と答えたらどうだろう? こういうシンプルな答えであれば楽に返せるし、前向きで、人を元気づけることができる。また、それまでとは違う見方も提供できる。

そういう答えを返して、あとはその衝撃力で相手が前向きな決断に踏み切り、前進していくのを見守ろう。細かい事実を並べ立てて、聞き手を混乱させるのとは対極の答え方だ。

シンプルで無理なくできる、前向きで人を元気づける答えを返そう。そうすれば、相手はその衝撃力で前向きな決断に踏み切るだろう。

あなたがこの本で学んだことはどれもシンプルで、実行しやすく、なにより効果を発揮する。とはいえ、あらゆる状況で、あらゆる人に対して効果があるわけではない。効果があるのは大半の状況、大半の人に対してのみである。あなたがいまやっていることも、ある状況で、ある人に対しては上手くいく可能性がある。だから、一度だけ試してあきらめたり、自分には効果がなかったなどと私に言ってこないでほしい。

自然に言えるようになるまで、繰り返し試してみよう。ここで学んだことを日々の会話に取り入れ、ほんの少し言いまわしを改良したり、微妙な変化を加えたりしながら、何をどう言えばいいかを正確に身につけていこう。会話に魔法の言葉を挿入し、そこに二つ三つスキルを織り交ぜよう。そうすれば、その相乗効果であなたの野心やひたむきさ、意欲に活気が注がれる。そしてあなたは、会話の価値を重んじる人から、会話に価値を与える人に進化できるだろう。

願わくば、成功をつかむためのあなたの努力が全部実を結びますように。どうか、その過程を楽しんでください。

あなたがこの本で学んだことは全部、

シンプルで、実行しやすく、なにより効果を発揮する。

謝辞

あまりにも多くの偉大な人々の恩恵を受けて生きていると、本の謝辞を書くのは考えただけで恐ろしくなる行為だ。当然挙げてしかるべき人の名前を落としてしまうかもしれないし、お互いに気づかなくても私に影響を与えてくれた人は、数百人はくだらないはずだからだ。とはいえ、この本が現実のものとなったのは、ひと握りの魔法使いのような人々がいたおかげである。

まず感謝しなければならないのは、長年にわたって私に苦闘の時代を体験させてくれた何千もの顧客である。彼らがいたことによって、私は否応なく技術を磨き、経験を積まなければならなかった。それがこの本の執筆につながった。複雑怪奇な現実と取り組まない限り、シンプルなものの力を学ぶことはできない。人はよく、セールスマンは油断がならないと言うが、私の経験から言えば、顧客もまた天使ではないのだ！

それ以外に心からの感謝を捧げたいのは、私の最初の師、instil（www. instil.co.uk）のピーター・リーだ。これまでの本で何度も謝辞を述べてきたが、彼が与えてくれた純粋なインスピレーションへの感謝はそれだけではとうてい足りない。彼は、一回のトレーニング・セッションが人の人生をどれだけ変えてしまうかを、まざまざと見せてくれた。

私の講演を聞きにきてくれた数知れぬ人々も特筆に値する。何年にもわたって、何百ものコメントを聞かせてくれたことで、私はそうした言葉を記録し、保存する意欲をかき立てられた。そうやって集めたコメントが、成功をつかもうと粘り強く努力している口下手な人々に明快な表現を与えてくれるのを希望する。

もっと最近のことで言えば、ボブ・バーグやスコット・ストラッテンといったプロの講演者の驚くべき才能についても触れておかなければならない。彼らが自由自在に体験を語るのを目のあたりにすると、日々、自分のお粗末さを思い知らされる。

「ページ・トゥ・ストラテジーズ」のスペシャル・チームの力強い協力体制がなければ、この本は完成に至らなかっただろう。特に、私が途中で投げ出しかけたときに、分別ある言葉で諫めてくれたトレナ・ホワイト、作業が順調に進行するよう目を光らせ、締切りを守らない私を、やんちゃな学生時代に戻ったような気分にさせたガブリエル・ナーステッド、そして常に忍耐強いジェニー・ゴヴィアーはその編集の才で、私が〝イギリス英語〟しか書けず、大学へも行っていないことがわからないようにしてくれた。

最後に、偉大な男性の背後には必ず偉大な女性がいるとよく言われるが、私の場合、偉大な二人の女性に支えられるという贅沢を味わわせてもらった。一人目は、私の献身的で忠実なアシスタント、ボニー・シェイファーだ。彼女はあらゆる場面で難なく私を助けてくれ、一歩先を行って私が最高の力を発揮できるようにしてくれた。もう一人、どれほど言葉を尽くしても感謝し足りない相手は、私の美しい妻シャーロットだ。彼女への心からの謝意を表すためにはもう一冊本を書く必要があるかもしれない。その存在があったからこそ、私はあらゆる面でベストを尽くすことができた。私が彼女を射止めたという事実が、魔法の言葉には効果があることを如実に裏付けている。いろいろありがとう。

著者について

自分について書くことほど始末の悪いことはない。どうすれば自慢話に聞こえないように経験を語れるだろう？　読者にすれば、どうでもいいことではないだろうか？　いかにも本人ではないように書いて、どんなふうに受けとられるか見ていればいいのか？

苦労してこの欄を書きながら、私はそういった疑問を自分にぶつけてみた。確かに、私はこれまで、やりがいのある様々な職種を楽しんでこなしてきた。みじめな失敗をしながらも、そこからすばやく学び、多くのことを成し遂げた。夢見た人生を十二分に生きてきたと言っても過言ではないかもしれない（幼い頃に寝室に貼ってあったポスターの車に乗り、一〇代の頃ドリームボードに貼ってあった二つの地域に家を持っている）。人に、私という人間や、私が彼らを助けて成し遂げたことを褒めてもらうことも少なくない。それでも現実的な見方をすれば、私は建築業者の息子として生まれた平凡な人間で、私たちの生きるこの狂った世界に筋を通そうと、できる限りのことをやってきただけの男だ。

私が夢中になれるのは、自分の健康、人間、それに一人でも世界を変えられるという信念である。私に与えられた使命は、販売というものに対する従来の考え方を変革し、「セールス」が決して卑しい言葉ではないことを知らしめることだ。この使命についての私の考えは、あらゆるソーシャルメディアの #teachingtheworldtosell を見ていただければわかる。あなたの成功例を #magicwords で聞かせてもらえるのを楽しみにしている。

忘れてならないのは、人と人との交わりは相互の発信によって成り立つことだ。どうか、あなたも会話を続けてほしい。

私の様々な写真はインスタグラムで見られる。@philmjonesuk へ。

自動ポストと即興のおしゃべりはツイッターの、@philmjonesuk で。

LinkedIn でのビジネスに関するおしゃべりは、http://www.linkedin/in/phimjones/ で。

私のフェイスブック・ページにある無料のトレーニング・リソースは、www.facebook.com/philmjonessales で。

最後にもう一つ——

私のウェブサイト、www.philmjones.com を見てほしい。私のブログと素敵な素材が見つかるはずだ。

あつかましい宣伝

この本をここまで読んでくださったのであれば、少なくともちょっぴりは楽しめてもらえたのだろう。最近の本は、いまや世界基準となったアマゾンのレビューで判定される。あなたの趣味ではないかもしれないが、できればほんの数分を費やして、私が賭けに勝つようにレビューを書いてもらいたい。実は講演者の友人と、どちらがレビューをたくさん書いてもらえるか賭けをしているのだ。

お願いついでに、他にも互いに助け合える手段があることをお教えするのが道理だろう。私は賢明にも、自分の本の出版権はすべて所有するようにしているので、私と私のチームはあなたの大量注文に直接応じて、あなたにムダなお金を使わせないようにすることができる。また、本のカバーもあなたのブランドに合わせて変更できるし、特定の産業に合わせて事例を差し替えることも可能だ。実は先ほどの講演者の友人にもこの特注生産をしてあげたので、ぜひあなたとも同様のことが可能かどうか話し合う機会を持ちたいと思う。どうか、speaking@phimjones.com のボニーにメールしてほしい。話し合いの日時を設定させていただく。

■著者紹介

フィル・M・ジョーンズ（Phil M. Jones）

フィル・M・ジョーンズ・インターナショナル社代表・CEO。英国生まれ。弱冠14歳でビジネスの世界に飛び込み、18歳のときに会社史上最年少で、英大手百貨店「デベナムズ」（Debenhams）のセールス・マネージャー職に就いた経歴を持つ。2008年に会社設立後、56カ国で2,000回を超える講演を行うなど、プロの講演者、セールス・トレーナー、セールス・コーチとして世界を股にかけて活躍中。URL：www.philmjones.com

■訳者紹介

佐藤和彦（さとう・かずひこ）

東北大学文学部卒。出版社勤務をへて、編集者・翻訳者に。

2019年9月3日 初版第1刷発行

フェニックスシリーズ ㊇

ずばり、どう言《い》えばいいのか

――あなたの会話力を向上させる「魔法の言葉」

著　者	フィル・M・ジョーンズ
訳　者	佐藤和彦
発行者	後藤康徳
発行所	パンローリング株式会社
	〒160-0023　東京都新宿区西新宿 7-9-18　6階
	TEL 03-5386-7391　FAX 03-5386-7393
	http://www.panrolling.com/
	E-mail　info@panrolling.com
装　丁	パンローリング装丁室
印刷・製本	株式会社シナノ

ISBN978-4-7759-4213-0